Género Fantasía

Pregunta esencial

¿Qué puedes hacer para que tus amigos se sientan bienvenidos?

El planetario asombroso

Marcela Villegas-Gómez • ilustrado por Javier E. Pérez

Capítulo 1
El cielo bajo techo

Susana se aburría hojeando una revista vieja; era otra de esas largas tardes de verano en las que no había nada que hacer. Alguien tocó a la puerta y fue a abrir. Era su amigo Eduardo acompañado de su mamá, la señora Soto, quien la saludó con una gran sonrisa, como era su costumbre. Al verla, la niña pensó en lo fácil que era encariñarse con la señora Soto. Siempre sonreía y decía algo amable al saludar.

—¡Hola, Susana! ¿Te gustaría ir con nosotros a una función especial que dan esta tarde en el planetario? Van a inaugurar un nuevo telescopio y hay muchas actividades programadas.

—¡Claro! —contestó Susana dichosa de tener algo que hacer.

—Entonces prepárate mientras yo hablo con tu mamá para que te deje venir.

A la mamá de Susana le pareció una excelente idea que su hija pasara una tarde en el planetario.

Además la señora Soto le parecía una persona muy confiable, su hija estaría en las mejores manos.

Pronto, Susana estuvo lista para salir. Le dio un beso a su mamá y se fue con la señora Soto y Eduardo, que estaba un poco impaciente y repetía una y otra vez:

—¡Debemos apurarnos, no queremos llegar tarde a la función!

Camino a la estación de metro compraron el periódico, pues traía un artículo sobre la inauguración del telescopio. Eduardo leyó en voz alta para su mamá y Susana:

"Por fin, los aficionados a la astronomía cuentan con un excelente planetario en la ciudad. Gracias a la generosa contribución de varios empresarios, el viejo y mohoso telescopio ha sido reemplazado por un aparato de tecnología avanzada. Además, los administradores del planetario planean ofrecer al público otros servicios complementarios, como cursos de astronomía y observaciones del cielo nocturno, guiadas por un astrónomo experto".

—¡Qué buena suerte, niños! —dijo la señora Soto—. Parece que la inauguración va a estar estupenda y nosotros estaremos justo en primera fila.

—Sí, es maravilloso. Ojalá no haya mucha gente y podamos entrar a ver el telescopio —dijo Eduardo—. Nunca he mirado el cielo con un aparato tan poderoso.

Mientras esperaban para comprar sus entradas, Eduardo y Susana se hicieron amigos de Manuel, otro niño que había ido con sus papás para conocer el nuevo telescopio. Manuel era un auténtico aficionado a la astronomía. Tenía un pequeño telescopio en el balcón de su casa y sabía muchas cosas sobre estrellas, planetas y constelaciones.

Finalmente llegó el turno de entrar a la sala de proyección.

Se parecía mucho a una sala de cine, pero los asientos eran mucho más blandos. Todo el lugar estaba construido para darles bienestar y comodidad a los espectadores. A Susana le llamó la atención que el techo no era plano como el de los edificios comunes.

—Me siento como si estuviese dentro de un iglú gigante —dijo.

—Sí, los techos de los planetarios tienen forma de cúpula. Es decir, tienen la forma de una esfera cortada por la mitad —respondió la señora Soto—. Ya verás por qué, Susana.

De repente, apagaron las luces y se escuchó una melodiosa voz por los altoparlantes.

—¡Bienvenidos al planetario! Mi nombre es Luciana y voy a ser su guía durante este viaje galáctico. Por favor, recuéstense en sus asientos y miren hacia arriba.

En el techo comenzaron a aparecer muchas estrellas. De pronto, los niños se sintieron como si estuvieran observando el cielo en una noche de verano.

—El techo del planetario se construyó en forma de cúpula para que se vea como se ve el cielo desde la Tierra —explicó Luciana. Luego les contó cosas muy interesantes sobre los astros que iban apareciendo. Al final de la proyección les dijo:

—Escojan el astro que más les interese. Luego, cuando sea su turno de mirar por el telescopio, pueden pedirle al técnico que les ayude a encontrarlo.

—Voy a observar la Luna —dijo Eduardo—, quiero mirar de cerca esos grandes lunares.

—Yo quiero ver a Venus —dijo Susana—; mi abuelo siempre me lo enseña cuando voy a visitarlo, pero nunca lo he visto con un telescopio.

—A mí me encantaría ver un meteorito, es un astro que viaja por el espacio a gran velocidad. No siempre se logra, pero voy a intentarlo —dijo Manuel.

—Ojalá tengas suerte, Manuel, eso suena muy interesante —le dijo Susana.

—Muchas gracias. ¡Vamos!, allí está la entrada al edificio del telescopio.

Capítulo 2

Un telescopio extraordinario

Una gran cantidad de gente se agrupaba a la entrada del edificio del telescopio. Había pocos niños y los adultos hablaban al mismo tiempo, hasta que una de las señoras dijo en voz alta:

—Por favor, no formemos barullo. Si hacemos tanto alboroto no podremos entrar a ver el telescopio.

Las personas se pusieron en fila y esperaron a que oscureciera. Un empleado del planetario les dio instrucciones: debían entrar en grupos de cuatro.

Como los tres niños querían estar juntos, los papás de Manuel estuvieron de acuerdo en que la señora Soto los acompañara. A los niños les tocó el último turno, lo que desilusionó a Susana y Eduardo.

—¡Yupi! Los últimos turnos son los mejores, pues cuando el cielo está más oscuro, se pueden ver más astros —los animó Manuel.

Para hacer más corta la espera, la señora Soto los llevó a comer algo. Luego visitaron la tienda del planetario. Allí compraron revistas de astronomía y camisetas con la imagen del telescopio.

Un rato después, llegó el turno de los niños. El telescopio era impresionante. Ocupaba casi todo el pequeño edificio. Fernando, el técnico encargado, les explicó cómo funcionaba el aparato y los invitó a ver la estrella Sirio para empezar. El primero en mirar fue Eduardo. La estrella era de verdad muy brillante. De pronto escuchó una voz profunda que le decía:

—Mi nombre es Sirio, y soy la estrella más brillante que se puede ver desde la Tierra. Los antiguos me llamaban "estrella perro" porque pertenezco a la constelación Can Mayor.

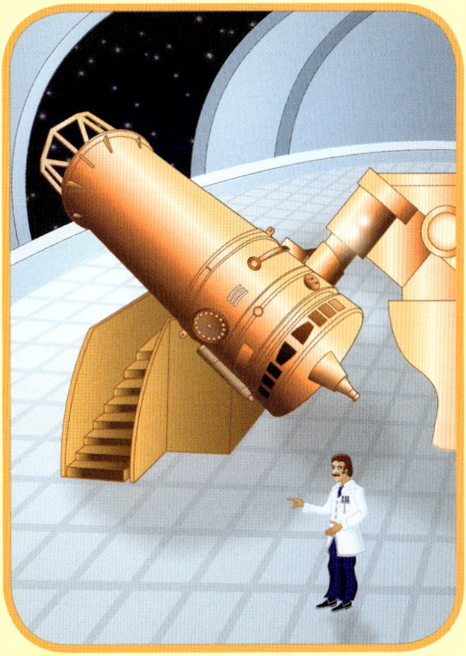

Eduardo dejó de mirar por el telescopio para averiguar de dónde venía la voz, pero ya no la escuchó más. Confundido, le cedió el turno a Susana. En cuanto empezó a mirar la estrella, la niña escuchó que alguien hablaba.

Detective del lenguaje

La palabra subrayada es un verbo en infinitivo. Busca otros verbos en infinitivo en esta página.

—Si observas con cuidado te darás cuenta de que a mi lado hay una estrella más pequeña, Sirio B —dijo la extraña voz.

Susana dio la vuelta para ver quién le hablaba, pero no encontró a nadie. Cuando le cedió el turno a Manuel le dijo:

—Te va a parecer ridículo, pero es como si la estrella estuviera hablando. ¡Qué locura!

—¡Jajaja! Eso sería divertidísimo —le contestó Manuel—. Déjame mirar, por favor.

El asombro de Manuel fue enorme cuando miró por el telescopio y escuchó:

—Una de las razones por las que puedes verme tan bien es que mi constelación está muy próxima a la Tierra.

—¡Ay! ¡Tienes razón, Susana, la estrella está hablando! —exclamó Manuel.

—¡Caracoles! La voz es de... Sirio —dijo Eduardo—. Es lo más increíble que me ha pasado en la vida.

Fernando, que había estado en silencio hasta el momento, les dijo:

—Este es un telescopio muy especial. Cuando un niño verdaderamente interesado en la astronomía observa a través de este telescopio, el astro le cuenta su historia.

Capítulo 3
El club de astronomía

—¡Me gustaría ver la Luna! ¿Podría dirigir el telescopio hacia ella, por favor?

—Por supuesto, Eduardo —contestó Fernando mientras ajustaba el telescopio para observarla. El niño miró fascinado. La Luna se veía claramente, era más brillante de lo que el niño recordaba haberla visto. Pronto, el satélite empezó a hablar:

—Giro alrededor de la Tierra y soy su único satélite. Mi composición es parecida a la de tu planeta y soy el astro más brillante después del Sol. Causo cambios de nivel en los océanos, llamados mareas. Siempre he fascinado a los humanos, y soy el astro al que más poemas y canciones le han dedicado —dijo la vanidosa Luna.

El turno de Manuel se demoró en empezar porque los meteoritos no se quedan quietos. Los meteoritos se mueven rápidamente por el cielo. Hay que saber con exactitud la hora en la que podrán verse desde determinado lugar.

Por fin, Fernando pudo enfocar uno de estos cuerpos celestes, hablaba muy rápido, parecía tener mucha prisa.

—Soy un objeto sólido que se mueve a gran velocidad entre los planetas. Soy mucho más pequeño que un asteroide, y puedes verme cuando entro a la atmósfera de tu planeta porque dejo un rastro brillante, conocido como estrella fugaz.

Dicho esto, el meteorito desapareció de la vista de Manuel.

El último turno fue el de Susana, quien pidió ver a Venus. Acababa de mirar a través del telescopio, cuando escuchó la voz del planeta.

—Soy el segundo planeta del sistema solar, después de Mercurio. Dicen que soy el planeta hermano de la Tierra, porque tenemos tamaños y composiciones parecidos. Soy tan brillante que puedes verme en el cielo nocturno sin necesidad de telescopio. Mi superficie se parece a la de los desiertos de la Tierra.

Ya era hora de cerrar el planetario, así que Susana se despidió del planeta. A la salida se encontraron con los papás de Manuel y acordaron verse en el planetario la semana siguiente. La señora Soto y Eduardo llevaron a Susana a su casa. La niña se sentía como en un sueño.

—Muchísimas gracias, ha sido la experiencia más maravillosa de toda mi vida. ¡El planetario es un lugar fantástico! —dijo Susana con un gran bostezo y los ojos soñolientos.

—¡Tienes razón!, muchas de las cosas que me contó la Luna ya las había leído, pero nada se compara a oírlas contadas por el propio astro —respondió Eduardo.

A los pocos días, Susana invitó a Eduardo a su casa. Juntos planearon la próxima visita al planetario. Le escribieron un correo electrónico a Manuel para contarle sus planes y preguntarle si tenía algunas ideas para aprovechar mejor la próxima visita.

A la semana siguiente, Eduardo, Susana y Manuel se volvieron a encontrar en el planetario. Fernando se alegró mucho cuando vio a los niños, acompañados de la señora Soto, en la sala del telescopio.

—¡Qué bueno que volvieron! Algo muy triste está pasando. Creo que los niños de la ciudad no están interesados en la astronomía. A pesar de que contamos con un telescopio de última tecnología, han venido muy pocos niños... Y los astros han dejado de contar sus historias. Pero estoy seguro de que a ustedes les narrarán varias. ¿A quiénes quieren ver esta noche?

Eduardo, Manuel y Susana llevaban una larga lista de planetas, estrellas, cometas y satélites que querían ver. Todos los astros que miraron esa noche les contaron cosas muy interesantes. Fernando estaba muy contento de compartir con unos verdaderos aficionados su amor por la astronomía.

A pesar de que había pasado una noche muy entretenida, cuando la señora Soto llegó a recoger a los niños, Eduardo se veía triste.

—¿Qué te pasa, hijo? —preguntó la señora Soto.

—Mamá, es una pena que no haya muchos niños interesados en la astronomía en esta ciudad.

Detective del lenguaje **¿Cómo identificas los diálogos en esta página?**

—Creo que sí los hay, Eduardo, pero no han recibido información sobre el planetario. ¿Qué tal si ustedes les cuentan a los niños de la ciudad sobre este lugar maravilloso?

—Podríamos hacer un club de astronomía en la escuela y organizar visitas al planetario —dijo Susana muy entusiasmada.

—Sí —dijo Manuel—, yo tengo varios amigos que estarían muy contentos de pertenecer al club.

—Los invito a que se reúnan mañana en mi casa. Podemos hacer folletos y carteles para invitar a los niños de la ciudad a unirse al club —dijo la señora Soto—. Cuando tengamos una buena cantidad, puedo llevarlos a las escuelas para que los repartan.

—Gracias, señora Soto —dijo Susana—, ¡usted es una estrella!

Todos se rieron con el chiste de Susana. Cuando se despidieron estaban muy animados y listos para trabajar, querían que el club de astronomía fuera un éxito.

Al día siguiente, los niños hicieron carteles y folletos con la ayuda de la señora Soto y Fernando, a quien habían invitado al club.

Los carteles tuvieron mucho éxito.

El sábado en la noche seis niñas y cuatro niños esperaban con sus padres que se iniciara la primera reunión del club.

La señora Soto había hecho galletas y los niños prepararon limonada. No había una sola nube en el cielo; la noche era perfecta para ver los astros.

Eduardo, Susana y Manuel les dieron una calurosa bienvenida a los niños. Al poco tiempo, todos se sentían como si fueran amigos de toda la vida.

Fernando les tenía preparada una sorpresa: Sirio y la Luna enfocados en el telescopio. Esa noche, los sorprendidos miembros del club oyeron las maravillosas historias de los dos cuerpos celestes, mientras comían deliciosas galletas y bebían limonada. Esta sería la primera de muchas reuniones del fantástico club de astronomía.

Respuesta a la lectura

Resumir

Usa detalles importantes de *El planetario asombroso* para resumir el cuento. Puedes usar el organizador gráfico como ayuda.

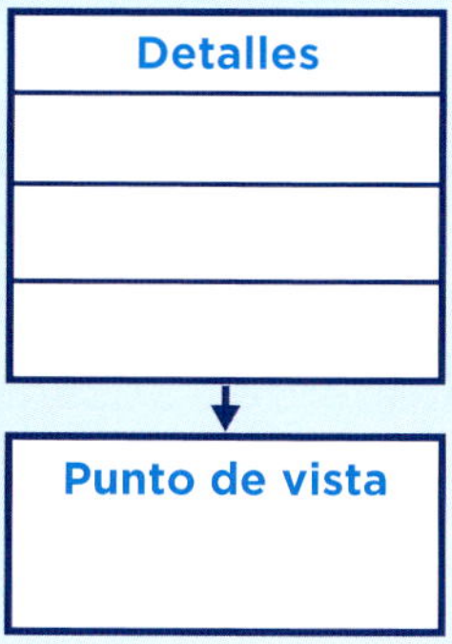

Evidencia en el texto

1. ¿Cómo sabes que *El planetario asombroso* es un cuento de fantasía? Identifica tres características del cuento que te permitan determinarlo. **GÉNERO**

2. ¿Cuál es el punto de vista del narrador en el cuento? Busca dos ejemplos para explicar cómo lo sabes. **PUNTO DE VISTA**

3. En la página 4, ¿qué significa la palabra *cúpula*? Usa las claves en el párrafo para saberlo. **CLAVES EN EL PÁRRAFO**

4. Vuelve a escribir la escena en la que el planeta Venus le habla a Susana desde el punto de vista de la niña. **ESCRIBIR SOBRE LA LECTURA**

Género **Leyenda**

Compara los textos

Lee sobre un hombre que hace nuevos amigos y aprende nuevas habilidades.

El gran amigo de Robin Hood

Robin Hood corría presuroso a través del bosque de Sherwood. De pronto, encontró una corriente de agua bloqueando su camino. Decidió atravesarla por un árbol de tronco ancho que había caído sobre esta y había formado un puente.

Robin Hood vio al otro lado del tronco a un hombre gigante, tan alto y ancho como un roble.

—¡Déjame pasar! —dijo Robin.

—¡No, déjame pasar tú! —respondió el hombre levantando su vara.

Al rato, ambos hombres empezaron a luchar chocando sus varas. Al fin, el extraño logró empujar a Robin al agua.

Robin Hood salió empapado del agua, sopló su cuerno y sus Hombres Alegres aparecieron con sus arcos tensos, listos para luchar contra el gigante.

—¡Esperen! —gritó Robin. Se volteó hacia el hombre—. Soy Robin Hood.

—¡Robin Hood! —respondió el extraño con una sonrisa—. Mi nombre es John Little y quiero unirme a tu banda de Hombres Alegres, prometo demostrar que soy de confianza.

Robin sonrió y estiró su mano, sabía que este hombre era lo que su banda necesitaba e instruyó a sus Hombres Alegres para que llevaran a su nuevo amigo al escondite en el bosque.

Los Hombres Alegres prepararon una fiesta para dar la bienvenida a John Little. Robin le contó cómo el *sheriff* de Nottingham lo había desterrado de su casa y de su tierra.

—El *sheriff* y el rey Juan se están apoderando de todas las tierras, y ahora muchas familias están pasando hambre. Así que cuando los viajeros adinerados pasan a través del bosque, los invitamos a comer con nosotros.

—Los alimentamos bien —añadió la doncella Marion.

—Sí, les damos comida y luego les decimos que tienen que pagarla —dijo Robin—, nosotros donamos el dinero a los vecinos hambrientos del pueblo.

—El *sheriff* está decidido a atraparnos —dijo el fraile Tuck—, pero nos divertimos burlándonos de él.

—¿Es peligroso el bosque? —preguntó John Little.

—El único peligro son los soldados del *sheriff* —dijo Robin—. Te vamos a enseñar cómo moverte en silencio para que los puedas sorprender.

—¿También me puedes enseñar a disparar una flecha en línea recta? —preguntó John Little.

—¡Con gusto! —dijo Robin—, a cambio, ¿nos enseñarás a pelear con una vara?

John Little aceptó con agrado. Luego Robin dijo:

—Necesitas un nombre nuevo. En el bosque, yo no soy Robin Locksley sino Robin Hood. Tu nombre a partir de ahora debe ser Pequeño Juan.

Pequeño Juan estuvo de acuerdo y la doncella Marion dijo:

—¡Aplausos para nuestro nuevo amigo, el más grande hombrecito que jamás hayamos visto!

Haz conexiones

¿Cómo compartir sus destrezas ayudó al Pequeño Juan a hacer nuevos amigos en *El gran amigo de Robin Hood*? **PREGUNTA ESENCIAL**

¿Cómo las nuevas amistades que hacen las personas en ambos cuentos enriquecen sus comunidades? **EL TEXTO Y OTROS TEXTOS**

Enfoque: Género

Fantasía La fantasía tiene características que no serían posibles en la vida real. Algunas fantasías tienen lugar en mundos antiguos con dragones y tesoros. Otros cuentos de fantasía tienen un ambiente moderno e incluyen animales que hablan o criaturas fantásticas con poderes especiales.

Lee y descubre Vuelve a leer las escenas en las que los astros les hablan a los niños. Piensa en las cosas que puede hacer un telescopio en la vida real y en las que puede realizar el de *El planetario asombroso*.

Tu turno

Trabaja en grupo para convertir una escena de *El planetario asombroso* en un cuento de ciencia ficción. Recuerda resaltar las características del telescopio y las conversaciones de los cuerpos celestes con los niños.